Rezar com o EVANGELHO

Joaquín María García de Dios

Dados Internacionais de Catalogação na Publicação (CIP)
(Câmara Brasileira do Livro, SP, Brasil)

> García de Dios, Joaquín Maria, 1931-
> Rezar com o Evangelho / Joaquín Maria García de Dios ; [tradução José Afonso Beraldin da Silva]. -- São Paulo : Paulinas, 2011.
>
> Título original: Rezo con el Evangelio cada día : manual de oraciones para niños.
> Bibliografia
> ISBN 84-288-1818-5 (ed. original)
> ISBN 978-85-356-2733-6
>
> 1. Evangelho   2. Orações   3. Vida cristã   I. Título.
>
> 10-11975   CDD-242

Índice para catálogo sistemático:
1. Evangelho : Orações : Cristianismo 242

Título original da obra: *Rezo con Evangelio cada día – Manual de oraciones para niños*
© Joaquín María García de Dios / PPC Editorial y Distribuidora (2002)

Direção-geral: *Flávia Reginatto*
Editores responsáveis: *Vera Ivanise Bombonatto*
                                          Antonio Francisco Lelo
Tradução: *José Afonso Beraldin da Silva*
Copidesque: *Mônica Elaine G. S. da Costa*
Coordenação de revisão: *Marina Mendonça*
Revisão: *Ruth Mitzuie Kluska*
Direção de arte: *Irma Cipriani*
Assistente de arte: *Sandra Braga*
Gerente de produção: *Felício Calegaro Neto*
Projeto gráfico: *Wilson Teodoro Garcia*
Ilustrações: *Ángel Sánchez Trigo*

Nenhuma parte desta obra poderá ser reproduzida ou transmitida por qualquer forma e/ou quaisquer meios (eletrônico ou mecânico, incluindo fotocópia e gravação) ou arquivada em qualquer sistema ou banco de dados sem permissão escrita da Editora. Direitos reservados.

Paulinas
Rua Dona Inácia Uchoa, 62
04110-020 – São Paulo – SP (Brasil)
Tel.: (11) 2125-3500
http://www.paulinas.org.br
editora@paulinas.com.br
Telemarketing e SAC: 0800-7010081

© Pia Sociedade Filhas de São Paulo – São Paulo, 2011

Carta de apresentação

Queridos amigos e amigas!

Sei quanto lhes interessam as histórias de Jesus. Elas nos ajudam a conhecer o nosso personagem preferido. E também nos falam das pessoas que viveram com ele: seus pais, amigos, discípulos, tantas pessoas necessitadas às quais ajudou, e os que se posicionaram contra ele... Quantas vidas ao redor de sua vida!

Hoje os convido a ler os evangelhos de outra maneira: uma cena de cada vez, com um ou dois personagens; então, vendo o que fazem, ouvindo o que dizem e tomando parte da cena representada num quadro ou desenho, vocês podem se imaginar vivendo dentro daquela cena. E aí começam a rezar, expressando os sentimentos que lhes são sugeridos por tudo o que está acontecendo lá.

Algumas vezes as suas orações serão perguntas. Em outras, aplausos e agradecimentos. Em outras, ainda, compaixão e pena. Em certos momentos, vendo o que os personagens fazem bem, será possível nos darmos conta daquilo que fazemos mal; e também daquilo que fazemos melhor.

Isso vocês podem fazer sozinhos ou com seus pais ou catequistas, ou mesmo com outros colegas, quando acharem adequado.

Ah! E sempre que virem no evangelho que Jesus se põe a orar, observem muito bem o que ele faz e como o faz, para que nossas orações, pouco a pouco, acabem se parecendo com as dele.

Joaquín María García de Dios
Alguém que, como vocês, também é amigo de Jesus

Carta aos familiares

Sugestões a quem vai acompanhar as crianças
em suas primeiras experiências de oração

Queridos amigos!

Ao longo deste Manual são dadas orientações para a maneira de orar chamada *contemplação*, a qual se concentra em *cenas* que nos são apresentadas pelos *evangelistas* e por todos os *artistas* que as utilizaram como inspiração a suas obras religiosas.

Para orar desta forma é muito importante:

- Criar o *clima de oração*, que tem muito a ver com a escolha do local oportuno e de um tempo tranquilo.
- Estabelecer um *contato direto* com os textos dos evangelistas e com as imagens dos artistas. Ter sempre à mão o Novo Testamento, principalmente os quatro evangelhos.
- Ir melhorando a *qualidade* do exercício da *aplicação de sentidos*, no qual as crianças estão se exercitando.
- Favorecer a expressão de seus próprios *sentimentos*.
- Estabelecer alguma *relação* de tudo o que foi lido, visto e sentido *com a vida real* da criança que faz oração contemplando as cenas do evangelho.

E não esqueçamos que a melhor maneira de ir compreendendo os escritos evangélicos é contemplá-los e rezar com eles. E, em geral, tudo o que puder ajudar na oração das crianças pode ajudar também os pais e familiares que acompanham essa experiência.

De novo, muito obrigado por deixar que as crianças, seus filhos, se aproximem dele.

Com verdadeira admiração e contando com nossa possível amizade,

Joaquín María García de Dios

Como rezar com este livro

Sugestões para os adultos que vão introduzir
e acompanhar as crianças na oração

Os pintores, os escultores, os ilustradores e os escritores inspiraram-se nos evangelhos para representar acontecimentos da vida de Jesus e das pessoas que se relacionaram com ele.

Os *relatos evangélicos* são o ponto de partida e a origem de toda essa produção artística inesgotável, que constitui a base fundamental de pinacotecas, museus de arte e de literatura do mundo ocidental. E os relatos dos evangelistas também deram causa a infinitos tratados teológicos e comentários de devoção e de espiritualidade.

Por isso, nesta espécie de escola de iniciação à prática da oração para crianças, especialmente as que estão se iniciando na vida eucarística, utilizamos os *textos e as imagens* surgidas dos evangelhos, como recursos para concentrar suas experiências, acompanhadas dos adultos que as seguem em sua preparação. O modo de oração predominante será a *contemplação* e o método mais recorrente, o da *aplicação de sentidos*, com um final que suponha uma aterrissagem na nossa vida de cada dia. Isso leva em conta um *processo*:

- Colocar-se na presença de Deus.
- Ler atentamente a passagem evangélica indicada.
- Recompor a cena que vai ser contemplada.
- Repassar essa cena, aplicando cada um dos sentidos: visão, audição, olfato, paladar e tato.
- Tomar consciência dos sentimentos que nascem em nós e que supõem a maneira pela qual nos comunicamos com as pessoas que intervêm nas cenas.
- Iluminar nossa própria vida com aquilo que vimos nas cenas do evangelho.

E este processo requer três *objetivos ou passos* concatenados:

1. Conhecer intimamente Jesus, compreendê-lo o máximo possível e deixar que isso nos afete profundamente.
2. Conhecê-lo para amá-lo melhor e mais plenamente, chegando a essa sintonia que se produz com as pessoas às quais amamos muito e de forma personalizada.
3. Conhecê-lo e amá-lo para parecer-nos cada vez mais com ele, identificando-nos com sua pessoa e com os valores que configuraram sua vida.

Além de rezar com estas orações, incentivamos cada um a inventar a própria oração, que pode ser semelhante à que propusemos, mas também completamente nova e original, expressando sentimentos particulares e usando as próprias palavras.

Passos para orar

1. Procure um lugar tranquilo e sem distrações.
2. Faça lentamente o sinal da cruz.
3. Feche os olhos, mantenha-se em paz e pense que está com Jesus. Diga-lhe: "Jesus, ajuda-me a te escutar".
4. Escolha uma das orações, leia a seção *Antes de rezar* e, a seguir, o relato do evangelho correspondente.
5. Concentre-se na figura:
   - O que acontece na cena? Onde ela se desenvolve?
   - Que pessoas intervêm nela? Que sentimentos experimentam estas pessoas ao longo da cena?
   - O que dizem? O que fazem?

   É possível imaginar-se dentro da cena, como um personagem a mais.
6. Pense em sua vida: alguma vez você teve sentimentos semelhantes aos das pessoas do relato? Aconteceram-lhe coisas similares às que ocorreram ali?
7. Leia lentamente a oração que escolheu.
8. Pense sobre aquilo que leu e repita a frase da qual mais gostou ou que lhe serviu de inspiração para expressar seus sentimentos.
9. Faça uns instantes de silêncio e dê graças a Jesus por este momento de oração.
10. Conclua fazendo lentamente o sinal da cruz.

1 Maria na Anunciação

Antes de rezar

Aprenda com Maria

Para orar, aprenda com Maria e coloque-se à disposição daquilo que Deus quer de nós. Ela disse: "Eis aqui a serva do Senhor".

E Jesus: "Que se faça sempre a tua vontade". Porque, quando rezamos, o importante não é o que pedimos a Deus, mas o que Deus pede a nós. Imagine a cena na qual o anjo saúda Maria da parte de Deus e volte a rezar com mais intensidade a Ave-Maria, como se o próprio Deus estivesse lhe pedindo para rezá-la a Maria. Depois, parabenize Maria porque ela foi abençoada por Deus e pela humanidade.

Antes de rezar, leia Lucas 1,26-45.

Maria, ensina-me a rezar

Maria,
hoje venho pedir que me ensines
esta tua maneira de rezar.
Sobretudo quando, ao acabar de ouvir o que anjo te disse,
tu lhe respondeste:
"Faça-se em mim segundo a tua palavra.
Eu sou como a sua serva,
disposta a dizer sim a tudo o que Deus desejar de mim".

Quero aprender a escutar o que Deus me pede.
Quero aprender a dizer-lhe sim sempre e em tudo.
Quero cumprir sempre todos os seus desejos.

E gostaria muito que tu me ensinasses
a ser uma pessoa com a qual Deus possa contar
para tudo o que ele precisar.
Ah, e muito obrigado por ter-nos entregado a Jesus
para que fosse nosso irmão e nosso Salvador!
Ajuda-me a conhecê-lo sempre mais,
a amá-lo cada dia mais
e a assemelhar-me a ele cada vez mais.

Saúdo Maria como o anjo

Maria,
gostaria muito de poder dizer-te
as palavras do anjo como ele as disse a ti:
cheio de admiração por uma pessoa como tu,
à qual Deus tanto amava,
e cheio de alegria por poder conhecer uma pessoa
tão encantadora como tu.

Gostaria de chamar-te "cheia de graça":
cheia de tudo aquilo que é agradável,
bom, aprazível e sereno.

E gostaria de me dar conta
de que Deus "esteve contigo" quando pensou em ti,
quando te escolheu para que fosses sua mãe,
e quando ficou esperando
se aceitavas ou não o seu convite.

Por isso te digo, como o anjo:
Alegra-te, Maria,
a cheia de graça,
porque o Senhor está contigo!

Fico muito feliz por seres a melhor!

Maria,
quero te repetir a saudação de Isabel:
"Bendita és tu entre as mulheres".
E por isso quero reconhecer agora,
depois de vinte séculos,
que, a partir daí, tu és a mais
"bendita entre todas as mulheres".

Milhões de pessoas de todas as idades,
em todos os rincões da terra,
por vinte séculos, dizendo-te várias vezes por dia:
"Bendita és tu, Maria". Ou, o que dá no mesmo:
"Que afortunada e maravilhosa és tu!".

Por isso eu também te digo:
"Bendita és tu entre todas as mulheres".
Nunca houve uma mulher
à qual tantas pessoas,
durante todos os séculos
e com tanto carinho e admiração,
tenham bendito e louvado com tamanha verdade.
Realmente fico muito, muito feliz,
por seres a melhor de todas as mulheres...!

2 Jesus nasce em Belém

Antes de rezar

Aprenda a contemplar

Para orar, aprenda a contemplar: olhe aquilo que os personagens desta cena fazem, ouça o que dizem e transforme-se num deles. De tanto contemplar como se comportavam José, Maria, Jesus e os demais, podemos ir aprendendo também a ter os mesmos sentimentos que vemos nos personagens que aparecem no evangelho.

Antes de rezar, leia Lucas 2,1-20.

Os personagens do presépio: o ambiente

Maria,
quando montamos o presépio, quero dizer-te
quais são os personagens em que mais me fixo:

Os anjos, porque anunciaram a notícia,
porque anunciaram a paz,
e porque disseram aos pastores
quais eram os sinais
para poder identificar o Messias recém-nascido.

Os pastores, porque foram correndo
para comprovar aquilo que os anjos lhes diziam,
para conhecer o Messias recém-nascido.
E porque voltaram louvando e glorificando a Deus
por tudo aquilo que haviam visto e ouvido.

Os habitantes de Belém, que nem se deram conta
de que os que pediam hospedagem eram os excluídos,
que podem se sentir acolhidos ou rejeitados.
Sempre podemos acolher Jesus ou rejeitá-lo.
Mas sempre é Jesus que chega necessitado.

É nisto que eu me fixo quando montamos o presépio.

Os protagonistas de Belém

Maria,
quando montamos o presépio,
fixo-me também nos personagens protagonistas.

Fixo-me em *José*: tão serviçal, tão calado,
tão enamorado de ti e de seu filho,
e tão agradecido aos pastores,
que foram depressa conhecer Jesus.

Fixo-me em ti mesma, *Maria*,
tão entusiasmada com teu bebê que nem te importavas
com a situação incômoda de acomodar-te num estábulo.
E tão feliz sentindo-te mãe, que te ocupavas
em embalar, em amamentar,
em cuidar e em proteger o teu filhinho recém-nascido.

E me fixo em *Jesus*, tão pequeno, tão pacífico,
tão necessitado de todos para tudo,
e necessitando de tudo.
Tinha fome, frio, estava assustado.
E estava tão feliz em teus braços, Maria,
e nos de José.
E tão curioso diante dos rostos
e das vozes dos pastores.

É nisto que me fixo quando montamos o presépio.

Os animais em Belém

Maria,
quando montamos o presépio,
além de fixar-me nos personagens que faziam parte
do ambiente
e nos personagens protagonistas,
fixo-me também nos animais.

Chamam muito minha atenção *a mula e o boi*,
que os acolheram no seu estábulo,
que lhes fizeram companhia
e, com seu alento, acalentavam um pouquinho
aquele local meio abandonado.

E também chamam minha atenção
algumas ovelhas perdidas que os pastores deixaram ali
para que abrigassem a criança,
e para dar leite e lã a seus pais.

Como teria sido bom ter estado ali naqueles momentos,
fazendo um pouquinho de tudo:
de anjo, de pastor, de José, de Maria,
e até de mula ou de boi,
para tornar a vida de Jesus um tantinho mais cômoda!

3 A família tem que fugir para o Egito

Antes de rezar

Observe os detalhes

Para orar, concentre-se nos detalhes da vida de Jesus que são importantes e nos passam despercebidos. Por exemplo: "Tiveram que fugir para o Egito, porque Herodes procurava o menino para matá-lo". E, ao mesmo tempo, descubra os sentimentos que precisamos ter com quem hoje passa pelo mesmo sofrimento pelo qual passaram Jesus, Maria e José: os migrantes. Quão difícil é, para eles, chegar a um país estranho para poder sobreviver!

Antes de rezar, leia Mateus 2,13-23.

Obrigaram-te a fugir

Maria,
tu tiveste que fugir, te obrigaram a fugir.
Precisavas defender a vida de teu filho que estava
ameaçada pela ambição e pela ganância de Herodes.
Outra vez precisaste deixar tudo e sair correndo
para despistar os perseguidores!
Tiveste que ir para um país estrangeiro, como acontece hoje
com os imigrantes que vêm a nossa terra:
não conhecem ninguém, não conhecem a língua,
não têm trabalho, não são bem recebidos
e, além disso, são vistos com desconfiança.

Tu, José e a criança tiveram que passar por essa situação.
Jesus era quem estava melhor:
sempre protegido, abraçado e cuidado.
Mas tu e José, quantas dificuldades passaram!

Vendo-te ir para o Egito,
eu gostaria de olhar de outra maneira
os imigrantes que vêm a nossa terra:
com carinho, manifestando-lhes amizade,
procurando fazer com que todos os apoiem, e sabendo
que não é justo que persigam as crianças inocentes
e que se recuse auxílio a quem tanto precisa.

Ensina-me a ter um coração amável,
justo e cheio de preocupação
em ajudar aqueles que são excluídos.

4 Jesus no Templo

Antes de rezar

Concentre-se nos sentimentos

Para orar, descubra os sentimentos dos personagens. Por exemplo, Maria tinha muito amor e preocupações. Quando perdeu seu filho, passou três dias terríveis. Mas também teve uma enorme alegria ao encontrá-lo. Aproxime-se de Maria para ver como ela viveu suas angústias, seus problemas e seus momentos de desconcerto, porque às vezes ela não entendia o que o seu filho fazia. Esta oração vai nos ajudar um pouco a descobri-lo.

Antes de rezar, leia Lucas 2,41-52.

Ficaste admirada

Maria,
apenas entraste no Templo
e logo ouviste a sua voz e a reconheceste.
Era ele: não tinhas como duvidar. Finalmente o encontraste!
Que alívio depois de três dias de angústia!
Fico tão feliz imaginando tua alegria!
Mas ficaste também admirada:
como os sacerdotes do Templo olhavam para ele!
Jesus perguntava. Jesus respondia. E eles se admiravam.
Tu nunca tinhas imaginado algo assim.
E quando te encontraste a sós com ele
nem sabias como começar. Disseste-lhe:
"Filho, por que agiste assim conosco?
Olha, teu pai e eu estávamos angustiados a tua procura!".
Ele te respondeu tranquilamente:
"Não sabíeis que eu devo estar naquilo que é de meu Pai?".
Não entendeste muito o que ele te disse, mas o viste
tão bem que a serenidade dele te tranquilizou.
E ele começou a se comportar
da mesma forma que antes de se perder: encantador,
obediente, crescendo e sentindo-se muito feliz.
Eu gostaria muito de ir me assemelhando
cada vez mais a Jesus.
Continua ajudando-me para que eu o compreenda
e o ame cada vez mais.

5 Batismo de Jesus

Antes de rezar

Concentre-se na cena

Concentre-se na cena do evangelho. Leia o texto e olhe a imagem, lembrando-a e vivendo-a como se você mesmo estivesse ali: imagine como foi, olhe o que havia, escute os sons, toque o que vê e sinta-o a partir de dentro. Deus Pai apresenta o seu Filho a todos os seres humanos. Nós nos fixamos na simplicidade e na humildade de Jesus. E no grande amor do Pai que nos presenteia o seu Filho, porque ama todos da mesma forma, como a filhos.

Antes de rezar, leia Marcos 1,9-11.

Obrigado por ser nosso irmão

Jesus,
se não colocassem nos quadros e nas figuras
algo para te distinguir,
quando andavas no meio de teu povo,
ninguém te reconheceria,
enquanto não falasses (ninguém falava como tu)
ou não agisses (sempre ajudavas a todos
e passavas por todos os lugares fazendo o bem).

E quando João estava batizando,
e tu te aproximaste com todas as outras pessoas
que o assistiam,
foste um entre tantos: como sempre.
Até que teu Deus Pai falou para te apresentar
a todo mundo como "Filho preferido"
e pediu que nós todos te escutássemos.

Obrigado por teres querido ser nosso irmão!
E também damos graças a Deus Pai,
porque nos amou tanto que te enviou
para que nos falasses em seu nome.
Queremos te escutar. Queremos aprender
aquilo que nos ensinaste. Hoje quero te pedir
que me ensines a ser filho de Deus
e bom irmão de meus irmãos.

6 Jesus escolhe os seus apóstolos

Antes de rezar

Escute Jesus e siga-o

Para orar, concentre-se nas cenas em que Jesus chama os seus discípulos. A primeira cena lembra um milagre: algo maravilhoso porque nos deixa admirados. Admire-se não só da pesca repentina, mas também da quantidade de peixes criados por Deus nos mares, século após século, dia após dia. Pense que Jesus escolhe você, como escolheu os seus colaboradores, os quais lhe disseram sim de uma forma decidida e generosa. Nas outras orações, contemple como alguns discípulos foram chamando outros e como Jesus se aproxima das pessoas que os outros rejeitam.

Antes de rezar, leia João 1,35-51;
Marcos 1,16-19; Mateus 9,9-13.

Os primeiros a te seguir

Jesus,
eu sei que ainda te lembras daquela tarde
na qual foram aparecendo os que queriam te conhecer,
e uns foram trazendo outros,
até que aprendeste os seus nomes,
reconheceste seus rostos
e foste formando uma ideia
sobre a maneira de ser deles.
Até brincaste com alguns,
mas admirando sua honradez e sinceridade.
Na primeira tarde de encontro,
houve destaque de Mestre:
eram seguidores de João Batista,
todavia, por indicação do próprio João
e por terem ficado deslumbrados contigo,
a vida deles ficou definitivamente ligada à tua
e começaram a ser teus discípulos.

Que emoção para eles e que alegria para ti!
Começava assim a tua grande tarefa:
para anunciar o Reino de Deus
precisavas formar os anunciadores,
fazendo com que convivessem contigo
e aprendessem de ti tua mensagem,
tua maneira de viver e de anunciar.
Eu gostaria de ser um "dos teus seguidores",
eu gostaria de ser um "dos teus escolhidos".
Hoje me atrevo a dizer-te estas duas coisas:
conta comigo e faze-me sentir que contas comigo.

Segue-me

Jesus,
tu lhe disseste: "Segue-me".
E Levi, deixando tudo,
levantou-se e te seguiu.
Como um nome novo, Mateus,
e com nova vida: antes ganhando dinheiro
às custas dos que tinham que pagar impostos
e agora se colocando a serviço de Jesus
para o que ele precisasse.
Fico encantado com tua decisão. Fico encantado
com tua maneira de escolher teus colaboradores.

Eu gostaria que me escolhesses para alguma coisa,
naquilo que eu possa ser útil para ti.
Dize-me com tua força: "Segue-me".
Eu quero dizer-te: "Estou a tua disposição".
Eu quero aprender de ti a amar a todos
e saber o que de bom os outros têm,
embora alguns os critiquem.
Tu os compreendeste muito bem,
porque tu também foste criticado, e muito.

Dize-me: "Segue-me".
E que eu te diga: "Quero seguir-te".
E dize-me aquilo que esperas de mim.
Conta comigo. Eu sempre conto contigo.

Peixes para todos

Jesus,
fico sempre muito admirado com tudo aquilo que fazes.
E também fico admirado com aquilo que acabo de ler:
muitos peixes, encontrados de repente, graças a tua palavra.
E penso por que não sentimos a mesma admiração
cada vez que olhamos para o mar:
quantos peixes vivem e se movem
em tantos mares e ao longo de tantos séculos!
E também apareceram por causa da tua palavra.
Fico muito admirado contigo, e gostaria muito
que todo mundo se desse conta
de tudo aquilo que nos dás de presente todo dia
e a qualquer hora.
E quero te agradecer por tudo isso em meu nome
e em nome de todos os que não percebem o teu dom.
E também quero que os peixes,
como tudo o mais da criação,
sejam sempre de todos e para todos.

Também fiquei admirado ao ver como tu escolhes
os teus amigos e os teus colaboradores.
Escolhes os que queres e eles te seguem
com uma entrega total.
Algum dia vais chamar também a mim,
para que eu te ajude a anunciar a tua mensagem
a todas as pessoas?
Oxalá eu saiba e queira ouvir-te e dar-te atenção!

7 Jesus e Maria nas bodas de Caná

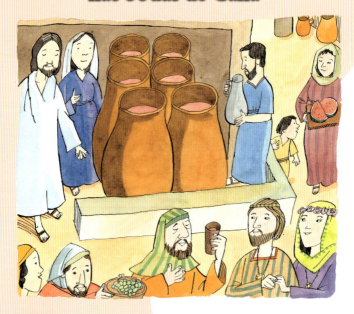

Antes de rezar

Reze de forma simples, como Maria

Contemple Jesus e Maria em plena festa de núpcias de amigos: não estão só se divertindo, mas, como sempre, estão ajudando e dando uma mão. E observe as especialíssimas relações que Maria, a mãe de Jesus, tinha com seu filho. Como também a maneira tão simples e peculiar que ela tinha de orar: "Eles não têm vinho", disse. Com estas palavras, com esta oração tão simples, estava dito tudo o que tinha a dizer a seu filho.

Antes de rezar, leia João 2,1-12.

Jesus e Maria, gosto do que vocês fizeram

Jesus,
gosto de te ver na celebração de um casamento,
divertindo-se com os que estão se divertindo
e no ambiente dos amigos de tua mãe.
Gosto muito de ver como tu e tua mãe
se entendiam com meias palavras e com os olhares.
Gosto de ver que tanto ela como tu estivéreis
mais preocupados com os outros do que com vós mesmos.

Gosto de ver que estás sempre disposto
a dar uma mão a quem precisa.
Gosto de ver que tenhas feito teu primeiro milagre
para evitar que alguém passasse um mau bocado,
o que iria acontecer com os noivos.

Gosto de comprovar que os primeiros discípulos,
à medida que te conheciam, iam acreditando
cada vez mais em ti.
Eu também vou te conhecendo cada vez mais.
E, por isso, cada vez mais creio em ti,
te admiro mais e confio e confiarei sempre
em tua palavra e em teu amor.
Ajuda-me a te conhecer sempre mais
e a amar-te sempre um pouquinho melhor.

E, é claro, aprendi com tua mãe a rezar:
basta dizer-te "Eles não têm vinho". Com isso
já está tudo dito. Obrigado por seres como és!

8 O sermão da montanha

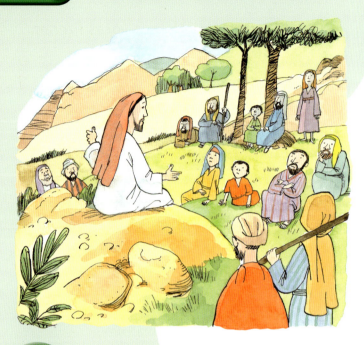

Antes de rezar

Lembre aquilo que Jesus disse

Para orar, lembre aquilo que Jesus disse sobre os seus projetos para melhorar a vida das pessoas. Ele tinha alguns desejos de felicidade para todos e os manifestou para nós nas bem-aventuranças. Pensou que nos transformamos intimamente quando nos esforçamos em melhorar a vida dos outros, especialmente a dos excluídos. Lembre alguns destes desejos de Jesus, que nestes tempos são tão necessários e nos falam da mudança que precisamos fazer.

Antes de rezar, leia Mateus 5,1-11.

Bem-aventurados aqueles que não são violentos

Jesus,
quase todos me ensinam o contrário
daquilo que tu me ensinas.
Dizem-me que não me deixe dominar.
Dizem-me que, se eu for atacado, devo revidar.
Dizem-me que o que importa é triunfar, competir e ganhar.
Vejo que as pessoas se ofendem, brigam, agridem-se,
ameaçam, suspeitam umas das outras.
De tudo o que vejo na televisão, nos telejornais,
nos filmes e nos desenhos animados,
mais da metade são cenas de violência:
socos, tiros, gritos, sangue, feridas, fugas,
ofensas, terrorismo... Tudo assim e sempre assim.
E ainda por cima chamam de covardes os que
não respondem
com violência à violência, as que não dão
soco por soco ou ofensa por ofensa.
E tu nos dizes exatamente o contrário:
que isso não é vida, que isso não é viver nem deixar viver,
que isso é não ter aprendido a viver
como seres humanos nem como cristãos.
Podes ensinar-me a não ser violento? Podes ajudar-me
a fazer com que, quando estou tomado de raiva,
eu consiga abafá-la e ficar sereno
em vez de ofender um colega ou brigar com ele?
Tu conseguiste isso. Eu gostaria tanto
que tu me ensinasses também a ser assim!

Bem-aventurados os que semeiam a paz

Jesus,
podes me explicar por que são bem-aventurados
os que semeiam a paz?
Na guerra se mata, na paz se dá vida.
Na guerra se fazem feridas, na paz se curam.
Na guerra se destroem as casas, na paz se edificam.
Na guerra se destroçam as famílias, na paz
as famílias juntas desfrutam da vida.
Na guerra se gasta dinheiro para destruir, na paz
emprega-se dinheiro para alimentar e construir.
A guerra nasce do ódio e provoca o ódio, a paz
nasce do amor e aumenta o amor das pessoas.
A guerra quase nunca consegue o que pretendia conseguir.
A paz consegue inclusive aquilo que nunca tinha
imaginado conseguir.
A paz não se impõe: oferece-se.
A paz não luta: torna-se possível.
A paz não se compra nem se vende: se dá
de presente e partilha-se.
A paz tem gestos próprios: dar a mão, beijar, olhar com afeto.
A paz tem palavras próprias: Shalom! Bem-vindo! Te amo!
A paz tem feitos próprios: dar-se conta, ajudar, suprir,
descobrir os que se sentem mal
e aproximar-se deles para que possam contar conosco.
Obrigado, Senhor! Ainda não acabamos.
Outro dia continuaremos falando sobre a paz.
Ajuda-me a fazer com que eu aprenda a viver em paz
comigo e com todos os que me rodeiam!

Bem-aventurados os puros de coração

Jesus,
ser puros de coração quer dizer
ser verdadeiros, não ter olhos deformados
para poder ver os outros com simplicidade, e ter um coração
que não gosta de complicar as coisas,
mas que diz sim quando é sim e não quando é não.
Eu gostaria de aprender a viver sendo verdadeiro:
dizendo aquilo que eu sinto e sentindo aquilo que eu penso.
Eu sei que mentimos quando temos medo.
Não entendo por que as pessoas falam mal umas das outras,
ou pensam mal umas das outras, ou contam os fatos
como não são...
É melhor ver o que há de bom nos outros e manter
saudável o coração
para se alegrar com os triunfos alheios.
Algumas vezes nos afligimos com o triunfo dos outros,
ou nos alegramos com o seu fracasso. Isso é inveja.
E eu não quero ser invejoso porque isso seria
não ter um coração puro.
Eu sei que, quando amamos os outros, não temos inveja:
alegramo-nos de que tudo saia bem com eles
e inclusive os ajudamos para que o consigam.
E sei que tu nos dizes que amemos os outros,
porque isso os torna mais felizes
e mantém puro e livre nosso coração.
Gostaria muito de ter um coração tão puro e verdadeiro
como o teu! Ensina-me e ajuda-me a consegui-lo.

31

9 O bom samaritano

Antes de rezar

Aproxime-se dos excluídos

Para orar, aprenda a reconhecer os bons samaritanos que existem na vida: desde os pais que nos protegem até as pessoas que realizam seu trabalho como um serviço aos excluídos. E lembre que, segundo a parábola do bom samaritano, não se pode cultuar a Deus se não nos aproximarmos de quem precisa, e que amar os outros é a forma mais efetiva que temos de amar a Deus. Assim nos transformamos "próximos" deles.

Antes de rezar, leia Lucas 10,25-37.

Os samaritanos de minha vida

Jesus,
preciso te dizer que eu conheci,
ao longo da minha curta vida, vários bons samaritanos.
Todas as vezes que eu estive doente,
alguém se aproximou e cuidou de mim.
Muitas vezes, quando eu estava triste,
alguém se aproximou e me consolou.
Algumas vezes, quando os outros tinham algo
para comer no intervalo e eu não,
alguém me ofereceu a metade daquilo que tinha.

E me dei conta de que os bons samaritanos
são os que mais beneficiam a humanidade,
embora quase ninguém reconheça isso.
Porque os bons samaritanos sempre são humildes
e nunca louvam aquilo que fazem.

Já sei que me dizes que eu também
posso ser bom samaritano.
Tu o foste. Os melhores o são.
Eu também quero ser bom samaritano
e hoje mesmo quero começar
Vais me ajudar?

33

10 O Bom Pastor

Antes de rezar

Deixe que os seus sentimentos brotem

Para orar, leia a parábola do bom pastor, que não trata da ovelha perdida, mas do pastor da ovelha perdida. Observe as características de um pastor como este e, com a seguinte oração, deixe que brotem os seus sentimentos em relação a Deus, que é o verdadeiro pastor e o verdadeiro pai. E deixe que brotem também os seus sentimentos em relação a Jesus, que não veio simplesmente nos dizer como era Deus, mas para dar-nos o exemplo, com sua vida, de como Deus se comporta conosco.

Antes de rezar, leia Lucas 15,1-7.

Como és bom, Deus, nosso Pastor!

Deus Pai,
como és bom! És bom não só
por seres um pastor tão carinhoso
e um pai tão terno e acolhedor,
mas por nos teres dado de presente uma pessoa como Jesus,
que nos descreveu de maneira tão linda e tão clara
como tu eras, e que foi o exemplo vivo
de um Bom Pastor e de um Pai maravilhoso.

Vi muitas imagens do Bom Pastor,
das quais gostei muito. Um professor nos disse
que esta foi a primeira representação
que os cristãos fizeram de Jesus:
"Um pastor com uma ovelha em seus ombros".
Eu gostaria muito de pintar o Bom Pastor,
mas colocando nele o rosto das pessoas
que comigo se portaram como um bom pastor:
quando me protegeram,
quando me corrigiram sem me poupar,
quando me animaram, quando me deram tempo
para que eu pudesse me explicar ou esquecer
minhas manhas e começar a ser razoável.
Quero te pedir agora mesmo por todas estas pessoas
que me compreenderam e me amaram tanto.

11 O pai do filho pródigo

Antes de rezar

Reconheça que Deus é nosso Pai

Como na oração anterior, leia a parábola do filho pródigo e lembre que não trata do filho pródigo, mas do pai do filho pródigo. Observe as características de um pai como este e deixe que brotem seus sentimentos em relação a Deus, que é o verdadeiro pai. E deixe que brotem também seus sentimentos em relação a Jesus, que não veio só para dizer-nos como Deus era, mas para dar-nos o exemplo, com sua vida, de como Deus se comporta conosco.

Antes de rezar, leia Lucas 15,1-32.

Como és bom, Deus, nosso Pai!

Deus Pai,
como és bom! És bom não só
por seres um pai tão terno e acolhedor,
mas por nos teres dado de presente uma pessoa como Jesus,
que nos descreveu de maneira tão linda e tão clara
como tu eras, e que foi o exemplo vivo
de um Pai maravilhoso.

Para dizer-nos como Deus é, Jesus nos falou
do pai com dois filhos: aquele que foi embora de casa
e aquele que ficou em casa. Os dois entristeceram muito
o seu pai: um indo embora e exigindo a herança;
e o outro incomodando o seu irmão
e não agradecendo ao pai tudo aquilo que ele lhe
dava a cada dia.
E o pai se mostra bom com os dois,
com uma paciência e um carinho que me emocionam.

Deus Pai: graças a esta parábola
sei por que te chamamos de Pai e Pai de todos.
E quero chamar-te assim cada dia, pois é o que de mais lindo
tens como Deus: és o melhor Pai
que conhecemos em toda a história humana.
Deus Pai, eu também te amo muito!
Obrigado por me amares tanto e tão bem!

12 A multiplicação dos pães

Antes de rezar

Partilhe com os outros

Graças à multiplicação dos pães, naquela tarde houve comida para todos. Mais do que um milagre, o mais importante é a experiência de pôr à disposição dos outros e de Deus aquilo que temos. Ao orar, faça com que as carências dos outros se tornem suas. Porque sabemos que, unidos, podemos resolver a necessidade de muitos. E se cada um se preocupar em solucionar sozinho as próprias dificuldades acabará por não resolvê-las.

Antes de rezar, leia João 6,1-15.

Que, unindo-nos, haja pão para todos

Jesus,
sempre estás rodeado de pessoas. Todos querem
algo de ti. Deve ser porque eles ficam encantados ao te ouvir,
ao ouvir aquilo que ninguém jamais lhes havia dito,
e se dão conta de que as coisas que acontecem conosco
também podem ser vistas como tu as vês.

Quando percebeste que todos
estavam mortos de fome e de cansaço,
não pensaste no fato de também tu estares cansado,
não pensaste no fato de também tu estares esgotado
e faminto. Só pensaste neles. E, como sempre,
nos ensinaste a procurar o remédio juntos.
Por isso perguntaste se alguém tinha algo para comer.
Porque a primeira coisa que precisamos fazer
é pôr em comum o pão que temos.
Se todos fizéssemos assim, ninguém no mundo
jamais passaria fome! Mas é incompreensível
que alguns tenham todo o pão que querem
e outros morram de fome.

Contigo, partilhando, houve pão para todos. E tu nos ensinas
a nos preocupar com que haja pão para todos. Sem ti,
mesmo nos unindo,
só haverá pão para alguns. Quando aprenderemos isso?
Jesus, ensina-me a ser como tu
e a me preocupar com as necessidades dos outros.

13 Jesus e as crianças

Antes de rezar

Pense nas outras crianças

Uma pessoa é boa quando as crianças se aproximam dela e quando ela se aproxima das crianças. Jesus se aproximava das crianças, amava-as, tratava-as com carinho e as protegia. E repreendia os apóstolos quando queriam obrigá-las a se comportar como adultos: "Deixai que as crianças continuem sendo crianças, quando se aproximam de mim, e não as impeçais com vosso mau gênio ou exigindo delas aquilo que eu não exijo". Ao orar, imagine que você é uma criança que clama por Jesus e pense nas outras crianças que não conhecem Jesus e que, como você, poderiam se aproximar dele.

Antes de rezar, leia Mateus 19,13-15.

Deixai que as crianças venham a mim

Jesus,
sabes de uma coisa? Muitas vezes pensei
que eu teria ficado muito feliz em viver no teu tempo
para poder te conhecer e para fazer parte daquelas crianças
que te procuravam, que queriam estar perto de ti,
que no Domingo de Ramos gritavam mais do que todos,
quando entraste em Jerusalém. Agora às vezes penso
em como os adultos tratam as crianças.
Ao ver alguns deles, logo acabo pensando: "Jesus era assim".
Noutras vezes só posso pensar em quanto são
cruéis alguns adultos com tantas crianças.
Porque sei que há crianças abandonadas.
Sei que há crianças raquíticas por não comerem
ou por não terem remédios.
Sei que há milhões de crianças
que morrem antes de chegar aos dois anos.
Sei que há pais que maltratam seus filhos.
Sei que há pessoas que usam as crianças para trabalhar
e para fazer guerra. Sei que há crianças
que não estrearam um brinquedo novo uma única vez.
Sei que há crianças que não sabem o que significa
a palavra carícia, porque nunca foram acariciadas.

Eu não sei o que posso fazer agora para que isso mude.
Mas volto a olhar para ti e ver-te rodeado de crianças,
e tenho vontade de dizer: "Que haja pessoas como Jesus
para tratar bem todas as crianças do mundo. E eu,
quando for adulto, quero ser uma destas pessoas.
Ajuda-me, Jesus".

14 Jesus lava os pés dos seus amigos

Antes de rezar

Aprenda a lição de Jesus

O gesto de Jesus, de lavar os pés dos apóstolos, foi uma lição. Ao orar lembrando esta cena, fale com Jesus para compreender e assimilar esse ensinamento. E leia a vida aprendendo a ver os serviços em que os outros precisam de nós e a alegria de poder prestá-los. E reconheça que muitas pessoas nos trataram dessa maneira. E interprete o trabalho e o estudo como um presente que devemos dar aos outros por amá-los e porque eles necessitam de nós. E, sempre, deixe-se amar por Jesus, como Pedro.

Antes de rezar, leia João 13,1-20.

Servir como Jesus

Jesus,
tu sempre estás servindo os outros,
até lhes lavando os pés.
A todos. A cada um.
Aos amigos.
E até a um amigo traidor.
Como foste capaz de fazer isso?

E também convenceste Pedro
que deixasse lavar-lhe os pés.
Porque se Pedro não te deixasse lavar-lhe os pés,
sempre poderia encontrar depois alguma razão
para não lavar os pés dos outros.
Que lindo, Jesus!
Tua lição é que sempre
precisamos ajudar e servir os outros,
mereçam eles ou não.
Não quero esquecer-me nunca deste exemplo
que nos deste, ao lavar os pés dos teus amigos.
Eu gostaria de ajudar os outros
como tu o fizeste
e como tu nos ensinaste.

Pensar nos outros

Jesus,
ao lavar os pés dos teus discípulos
nos ensinaste algo muito importante:
que sempre é preciso dar preferência aos outros.

Jesus,
isso é difícil para mim compreendê-lo.
Eu sempre quero ser o primeiro,
e que o primeiro e o melhor
sejam sempre dados a mim.
E nunca me passou pela cabeça
que devo começar a pensar que fiquem melhor
os que mais necessitam.
Embora, por serem nossos irmãos,
todos o mereçam.

Não sei por que me lembro todas as vezes
que, quando eu era bem pequeno,
me lavaram os pés e as mãos,
e a cabeça e todo o corpo.
Quanto fizeram por mim
as pessoas que estavam próximas!
Obrigado, Jesus, pelas pessoas
que me amaram e cuidaram de mim!

Ajudar os outros

Jesus,
lembro de tuas palavras
quando lavaste os pés dos teus discípulos:
"Se eu, que sou vosso Mestre e vosso Senhor,
vos lavei os pés,
vós também devereis fazer isso uns aos outros".
Eu gostaria de ser uma pessoa
que sabe e quer ajudar os outros,
como tu o fizeste.

Nunca pretendo esquecer
deste exemplo que nos deste
ao lavar os pés dos teus amigos.
Tomara que, quando eu crescer,
eu saiba entregar meu trabalho aos outros
como um serviço de que eles precisam
e que lhes dou porque o merecem
e porque nos pediste que assim fizéssemos!
É o presente que vou lhes dar,
preparando-me muito bem desde já.

15 Jesus se despede na Última Ceia

Antes de rezar

Lembre-se de Jesus e ame como ele

Conservamos viva a lembrança de Jesus graças à celebração da Eucaristia em cada dia de cada século, em todos os rincões do mundo. Porque a Eucaristia é lembrança (o amigo nunca falta quando a lembrança o chama) e amor (onde há amor, Deus ali está, porque Deus é o amor). Por isso, continuamos cumprindo o desejo de Jesus de também lembrarmos dele na Eucaristia. E por isso descobrimos o amor como o preceito único e o exemplo mais claro que Jesus nos deixou.

Antes de rezar, leia João 4,12-17 e Lucas 22,14-22.

Lembramos-nos de ti

Jesus,
ensinaram-me que, quando tu inventaste
a Eucaristia na Última Ceia,
disseste estas palavras:
"Fazei isso em memória de mim".
E me explicaram que o fizeste
porque não sabias se as pessoas
iriam esquecer de ti com o passar do tempo.

Que bom que o fizeste, Jesus!
Passaram-se vinte séculos
e continuamos lembrando-nos de ti,
precisamente ao celebrar a Eucaristia.
Ninguém foi e é tão lembrado como tu.
Eu não te conheci, mas estou lembrando-me de ti
graças às tuas palavras e à tua Eucaristia.
Obrigado, Jesus, por tuas palavras!
Obrigado, Jesus, por tua Eucaristia!

Quero amar como Jesus

Jesus,
foste genial ao inventar a Eucaristia.
E também foste genial
ao dar-nos o mandamento do amor.
Disseste: "Amai-vos uns aos outros como eu vos amei".

É claro que tinhas razão ao dizer que o amor,
e só o amor, pode salvar o mundo!
Se nos amássemos como tu nos amaste,
todos viveríamos maravilhosamente,
todos nos sentiríamos muito queridos,
e todos seríamos capazes de fazer
o que é preciso fazer
para que todos consigam sentir-se bem.

Jesus, ensina-me a amar a todos
como tu os amaste e os amas.

Quero amar a todos

Jesus,
jamais alguém nos disse
palavras tão geniais como as tuas!
Quero que me ajudes
a compreendê-las cada vez melhor.
E quero ir aprendendo a amar os outros
como tu nos ensinaste.

Se eu gosto tanto que me amem,
o mesmo deve ocorrer com os outros.
Certa vez ouvi um senhor dizer,
respondendo a alguns que o entrevistavam:
"As pessoas não precisam ser criticadas,
mas amadas".
É isso o que tu nos ensinaste.

Jesus,
ensina-me e ajuda-me
a amar a todos os outros
como tu os amaste e os amas.

16 Jesus morreu por nós, e rezamos a ele através de sua mãe

Antes de rezar

Contemple Jesus através de Maria

Contemple a morte de Jesus por meio dos sentimentos de sua mãe Maria. Conecte-se com o momento no qual Jesus a declarou mãe de todos os seus irmãos, homens e mulheres. Contemple sua paz, seu coração que perdoa. Note como o amor pelo seu filho é maior do que a dor por tê-lo perdido. Veja como volta a tê-lo em seus braços, assim como quando era pequenino, mas de uma forma tão diferente. E olhe como é a única pessoa que, apesar de tudo o que havia acontecido, não perdeu a esperança.

Antes de rezar, leia Lucas 23,33-43 e João 19,25-27.

Maria na morte de Jesus

Maria,
ao ficar sabendo como morreu teu filho Jesus,
me lembrei muito de ti.
Porque tu estavas acompanhando Jesus
quando ele morreu na cruz.
E pensei em como foi difícil para ti
ver como crucificaram Jesus,
ouvindo como o insultavam
e como insultavam a ti
por seres a mãe do crucificado.

Permite dizer-te que eu continuo te chamando
a mais bendita entre todas as mulheres?
Porque sempre tiveste um coração
manso e humilde. E quando ouviste
que teu filho pedia a Deus: "Pai, perdoai-lhes,
pois não sabem o que fazem",
tu também pediste em voz baixa:
"Sim, Pai, perdoai-lhes,
pois eles não sabem o que fazem".

Maria ao pé da cruz

Maria,
ao ficar sabendo como morreu teu filho Jesus,
foi em ti que eu pensei primeiro.
Porque tu estavas acompanhando Jesus:
estavas ao pé da cruz
com o discípulo a quem Jesus tanto amava.
E ao escutar uma das palavras
que Jesus te disse da cruz,
fiquei muito emocionado.
Porque Jesus se dirigiu a ti e para dizer-te:
"Mulher, eis teu filho".
E depois se dirigiu ao discípulo
e lhe disse: "Eis tua mãe".
Eu imagino que esse discípulo
também possa ser eu
e que Jesus me disse que tu és minha Mãe.
Por isso, a primeira coisa que me veio à mente
foi chamar-te de todo coração,
e sentindo-me filho teu: "Mãe querida!".
Como fizeste bem, Maria, em acompanhar Jesus
ao pé da cruz!

O corpo de Jesus nos braços de Maria

Maria,
contaram-me que, depois que Jesus morreu,
quando desceram da cruz o seu corpo,
ele foi posto no teu regaço,
como quando tu o embalavas quando pequenino
em Belém e Nazaré.
Mas agora nem podias beijar-lhe o rosto,
de tantas cusparadas e sangue que ele tinha.
Dizem que choraste muito, e tanto choraste sobre ele
que, aos poucos, o beijavas
com toda a ternura de teu coração.

Obrigado, Mãe Maria, por fazeres com teu filho
o que todos nós deveríamos fazer com ele:
adorá-lo, dar-lhe carinho e graças
por tudo aquilo que ele fez por nós!

Mãe da esperança,
ensina-nos a continuar esperando
na Palavra de Deus
mais do que nas experiências tristes
e nos maus momentos de nossas vidas.

17 Deus ressuscitou Jesus para dar-nos sua vida

Antes de rezar

Experimente uma nova maneira de viver

Ao orar, experimente a mesma alegria que sentiram os que encontraram Jesus vivo. Porque Deus, ao ressuscitar Jesus, lhe deu, a ele e a nós, toda a vida que ele mesmo tem. E lembra que, assim como Jesus vive ressuscitado, as pessoas que morreram estão agora cheias da vida de Deus. E agradece a Jesus por ele ter obtido para todos a nova vida que elimina a morte e que nos faz viver uma experiência nova e definitiva.

Antes de rezar, leia Lucas 24,13-35 e João 20,10-18.

Alegria, aleluia!

Jesus,
tu tinhas morrido, mas estás ressuscitado.
Por isso, só posso dizer:
Aleluia! Viva a vida!
Jesus está ressuscitado!

Parece impossível imaginar-te cheio de vida
depois de ter-te visto morto na cruz
e de ter visto teu cadáver nos braços de Maria.
Mas uma vez disseste que era a Vida.
E a Vida sempre vale e pode mais do que a morte.
E ressuscitar foi começar a viver como Filho de Deus,
cheio de toda a vida de Deus.

Jesus ressuscitou, viva a Vida!
Alegria! Aleluia!

Obrigado, aleluia!

Jesus,
sei que estás ressuscitado.
Sei que vives para sempre.
Por isso, só posso dizer:
Aleluia! Viva a Vida!

No Catecismo eu li que ressuscitar não é só
viver depois de morrer, mas que, além disso,
é viver para não voltar a morrer nunca mais.
E também li que ressuscitar
é viver totalmente e para sempre.
Também me disseram que, ao ressuscitar,
tu deste esta nova vida a todas as pessoas;
e que os familiares que já morreram
estão vivendo essa vida nova que tu tens
e que é a vida que nós começaremos a viver,
quando morrermos.
Isso sim é que é uma boa maneira
de salvar a todas as pessoas da morte!
Essa sim é que é uma Boa-Notícia!

Jesus: parabéns! Obrigado!
Tu sim é que mereceste esta nova vida maravilhosa!
E obrigado por tê-la obtido para todos nós!
Obrigado! Aleluia!

Tu estás entre nós

Jesus,
eu gostaria de te ver e abraçar-te
como o fez Maria Madalena,
quando descobriu que tinhas ressuscitado.
E gostaria de caminhar ao teu lado
como os discípulos que estavam indo até Emaús;
e que me explicasses as Escrituras,
e que partisses o pão para todos nós,
como o fizeste com eles.

O que direi? Eu gostaria e posso conseguir isso.
Porque, quando celebramos a Eucaristia,
tu estás entre nós,
explica-nos a Palavra
e permaneces no Pão.

Obrigado, Jesus,
porque vives ressuscitado no meio de nós
e porque podemos te descobrir no pão e nos outros!

18 Jesus sobe aos céus e nos confia sua missão

Antes de rezar

Anuncie a mensagem de Jesus

A Ascensão de Jesus significa que ele vai para uma vida cheia de Vida. Jesus agora está com Deus, mas continua conosco de outra forma todos os dias, como ele mesmo nos prometeu. Desde que se foi, confiou-nos o anúncio de seu Evangelho. Por isso, tem sentimentos de agradecimento e de esperança. E acredita que você pode levar a cabo a missão que ele nos confiou.

Antes de rezar, leia Lucas 24,50-53 e Atos 1,3-11.

A alegria da missão cumprida

Jesus,
de novo precisamos nos despedir!
Mas desta vez te despedes de outra forma:
não como o fizeste na Última Ceia,
carregado de tristeza,
nem como o fizeste na cruz,
carregado de sofrimentos.
Aqui vais para o céu,
com a alegria da missão cumprida até o fim.

Porque tu nos dizes que este será o destino de todos nós:
chegar à casa de Deus, nosso Pai.
Lá nos sentiremos uma família,
com um Pai de todos e para todos.
Obrigado, Jesus,
pela maravilhosa salvação que realizaste!

Um encargo e uma promessa

Jesus,
outra vez precisamos nos despedir!
Agora o fazes com alegria e, além disso,
nos deixas algumas mensagens muito importantes.

Foste embora, mas nos deste uma missão:
continuar anunciando tua mensagem de amor,
para que digamos a todos
que Deus ama os seus filhos
e que a melhor maneira de viver
é amando uns aos outros,
como tu o fizeste.

Foste embora, mas nos deixaste
uma promessa maravilhosa: prometeste
que sempre irias estar com todos nós
até o fim dos tempos.
Quando nos reunimos e pensamos em ti,
te sentimos no meio de nós.
Obrigado, Jesus, por estares entre nós
todos os dias, até o fim dos tempos!
Faze com que sempre te sintamos conosco!
Obrigado, Senhor Jesus!

Ajuda-me a anunciar a tua mensagem

Jesus,
conduziste-nos até o topo de um monte
para te despedires de nós. E nos deste uma missão:
que anunciássemos a tua mensagem de amor
a todas as pessoas e por todos os rincões da terra.
Um dia eu gostaria de reunir todas as pessoas
que acreditam em ti, subir a um monte e, lembrando-nos
do momento no qual te despediste de nós,
começar a aplaudir como se te víssemos subir,
para que a última coisa que tu escutasses de nós
fosse a nossa alegria pela tua alegria,
e para que a última coisa que recebesses de nós fosse
o agradecimento por tudo aquilo que fizeste por nós.
E já que nos deixaste, como fazem os atletas, o revezamento,
eu gostaria de me preparar da melhor forma possível
para continuar
anunciando o teu Evangelho a todos aqueles
que não o conhecem.
Ajuda-me a conhecer-te sempre mais.
Ajuda-me a amar-te sempre mais.
Ajuda-me a assemelhar-me sempre mais a ti.
Ajuda-me a converter-me num cristão
que vai anunciando a todos tua mensagem e tua salvação.
Obrigado, Senhor Jesus, sempre por toda a tua vida,
pela tua morte e pela tua ressurreição.

19 Hoje vivemos a Eucaristia assim...

Antes de rezar

Participe da celebração da Eucaristia

A melhor forma de compreender a Eucaristia é vivê-la, e não só nem principalmente de maneira pessoal, mas em comunhão com os outros cristãos e ao redor da presença e da palavra de Jesus. Por isso, além das explicações de seus catequistas, estas orações podem ajudá-lo a interiorizar tudo aquilo que aprendeu sobre como Jesus instituiu a Eucaristia, por que a instituiu, como é celebrada exteriormente e qual é o espírito com o qual se pode vivê-la.

Antes de rezar, leia Mateus 26,26-30 e Atos 2,42-47.

Fazei isto em memória de mim

Jesus,
eu sei que inventaste a Eucaristia
para que nunca nos esquecêssemos de ti.
Passaram-se mais de vinte séculos
e todos nós, cristãos, lembramos de ti.
E para fazer isso, cumprimos aquilo que nos disseste:
nos reunimos ao redor da mesa do altar,
todos os que nos amamos e cremos em ti.
Voltamos a lembrar
teus gestos (partir e repartir o pão).
Voltamos a repetir tuas palavras
("Tomai e comei: isto é o meu corpo").
E começas a estar conosco
porque, como diz a canção: "O amigo nunca falta
quando a lembrança o chama".
Obrigado por teres inventado a forma
de voltar a sentir-te vivo conosco!

Fazei isto para aprender a partilhar

Jesus,
tu também nos disseste: "Isto é o meu corpo
que é dado por vós".
Ensina-nos, na celebração da Eucaristia,
a partilhar aquilo que temos,
a conseguir que, unindo-nos, haja para todos,
a sentir que somos irmãos entre nós e contigo.
Muitas vezes aquilo que os outros nos ensinam
é ter, ter mais e monopolizar.
Tu, pelo contrário, nos ensinas
a partilhar aquilo que temos
até que todos cheguem a ter aquilo de que necessitam.
Na Eucaristia lembramos disso
e na Eucaristia o realizamos,
quando partilhamos juntos o teu corpo,
a tua lembrança, a tua palavra e os nossos bens,
colocando um pouco de dinheiro na cesta que nos passam,
para que outros possam viver melhor
com aquilo que lhes damos.
Obrigado por lembrar-nos que temos
de nos preocupar com os outros!

Fazei isto para rezar todos juntos e comigo

Jesus,
dei-me conta de que, na Eucaristia,
estamos quase todo o tempo fazendo oração:
oramos escutando tua palavra;
oramos recebendo o teu perdão;
oramos ao recitar salmos e ao cantar canções para ti;
oramos quando, todos juntos, os da terra
e os do céu, nos unimos aos anjos
para te chamar de Santo e para bendizer-te,
porque vens a nós em nome do Senhor.
Mas quando oramos mais e melhor é
quando, seguindo teu mandato,
rezamos, todos juntos, o Pai-Nosso.
E o rezamos contigo, porque também tu,
como nós, chamas a Deus Pai nosso:
Pai teu, Pai nosso e Pai de todos.
Fico admirado ao rezar o Pai Nosso contigo
e com todos os demais: todos irmãos,
os conhecidos e os desconhecidos;
todos filhos, os queridos, os salvos,
e tu, o predileto de Deus.
Obrigado, Jesus, por ensinar-nos
e acompanhar-nos quando rezamos o Pai-Nosso!

20 Preparamo-nos para celebrar a Eucaristia

O melhor presente

Jesus,
vou te receber em meu coração.
Que alegria já estou sentindo!
Peço-te que, em cada missa,
tu sejas para mim o mais importante
e que os colegas não me distraiam.
Sempre meu coração estará em festa,
pois estarei me encontrando contigo.

Também te peço uma graça:
quero que teu presente para mim seja a tua paz.
Dá-me um coração generoso
que esteja sempre cheio de bondade.

Quero que sejamos felizes
e façamos os outros sempre felizes.

Antes de rezar

Ao se aproximar o domingo

Uma boa forma de se preparar para receber Jesus é desejar recebê-lo. Diga isso com frequência durante a semana em que se prepara para celebrar a Eucaristia dominical. Pode fazê-lo com estas orações. Invente outras: fale a Jesus e diga-lhe que quer recebê-lo em seu coração.

Vem logo, Senhor!

Jesus,
quero te receber em meu coração,
és meu grande amigo.
Prepara tu mesmo o meu coração para receber-te.
Vem logo, Senhor!

Quero que, ao receber-te,
enchas meu coração de fé e de alegria.
Não demores. Vem logo, Senhor!

Sei que és meu amigo e que estás sempre
presente em minha vida.
Quero reconhecer-te vivo e ressuscitado
na comunidade reunida e na força da tua Palavra.
Vem a mim. Vem logo, Senhor!

Peço-te que não nos separemos nunca.
Quero que vivas sempre comigo
e que não saias nunca do meu lado.
Te espero, te amo e te chamo.
Vem logo, Senhor!

21 A Comunhão na missa

Preparando-se para a Comunhão

Jesus,
estou maravilhado de que hoje
entres na minha casa.
Eu gostaria muito de que,
no dia que eu entrar na tua casa,
tu também estejas tão contente
como eu estou hoje.
E enquanto esse dia não chega,
eu continuo vivendo contigo.
Tu continuas vivendo comigo.

Antes de rezar

Orações para depois de comungar

Depois de comungar, diga a Jesus o que deseja: ele está em você e o escuta em seu coração. A primeira oração foi inventada por uma criança, quando o sacerdote que celebrou a Eucaristia lhe pediu que inventasse uma para dizer a Jesus aquilo que sentia. A segunda oração, você pode rezar para manifestar sua fé e lembrar todas as crianças excluídas do mundo e as pessoas que o ajudam em sua vida.

Estás em mim

Jesus,
eu creio em ti,
eu espero em ti.
Eu te amo de todo o coração.

Eu sei que tu estás em mim.
Obrigado, Jesus!
Ajuda-me a crer sempre em ti.

Eu espero em ti,
eu confio em ti.
Sei que nunca me abandonarás.
Faze com que eu nunca te abandone.

Eu te amo de todo o coração.
Ajuda-me a amar-te sempre assim.
E ajuda-me a amar os outros
como tu nos ensinaste.

Obrigado, Jesus, porque estás em mim!

Obrigado, Jesus!

Jesus,
estou contente porque tu estás em mim.
Obrigado, Jesus!

Hoje, que tu enches meu coração,
quero te agradecer pelas pessoas
que me transmitiram a fé:
minha comunidade, meus catequistas e...

Obrigado pelos meus pais:
eles me deram todo seu amor.
Faze com que vivam sempre felizes
e cheios de perspectivas.

Obrigado pelos catequistas:
eles me ensinaram a te conhecer melhor.
Enche de esperança sua vida,
faze transbordar de alegria seu coração.

Obrigado pelos meus amigos:
com eles celebro o seu amor entregue na cruz.
Que possamos viver sempre unidos,
para fazermos um mundo melhor.

Obrigado, Jesus,
porque tu és o Pão que me alimenta
e enches de alegria meu coração!

Por todas as crianças

Jesus,
neste domingo,
dia consagrado a ti,
não quero me esquecer de *todas as crianças*
que sofrem no mundo.
Quero te pedir neste dia
pelas crianças doentes,
pelas crianças da guerra,
pelas crianças de rua,
pelas crianças abandonadas,
pelas crianças sem família,
pelas crianças que não podem ir à escola,
pelas crianças que não têm o que comer,
pelas crianças que precisam trabalhar.
Por todas elas, Senhor,
quero te pedir neste dia.
Ajuda-me a viver solidariamente com todas elas.
Que eu nunca me esqueça de que estás presente
no rosto de cada criança.

22 Domingo, dia do Senhor

Obrigado, Jesus!

Jesus,
tu me amas
e queres ficar perto de mim.
Por isso, todo domingo
me convidas, juntamente com todos os cristãos,
a celebrar a Eucaristia,
para escutar a tua palavra
e para receber o alimento de teu Corpo.

Obrigado, Jesus, porque neste domingo
eu participei de novo da reunião dos cristãos
e te recebi dentro de mim.
Te peço que estejas sempre comigo,
que me ensines a te amar
e a amar todo mundo como tu me amas.
Obrigado, Jesus!

Antes de rezar

Participe da Eucaristia

Jesus nos convida à sua mesa, como o fez com os seus amigos antes de sua morte, não só no dia da Primeira Eucaristia, mas em todos os domingos. Por isso, continue participando todo domingo da missa, que é a reunião dos cristãos com Jesus, e aproxime-se para recebê-lo. Depois de comungar, dê graças a Jesus e peça-lhe que o ajude a amá-lo como ele o ama. Ou poderá fazer isso em casa, depois de voltar da missa.

Ensina-me a amar como tu

Jesus,
obrigado porque de novo estás em mim.
Estou contente por muitas coisas
e te dou graças por tudo de bom que me deste.
Ensina-me a amar como tu,
ensina-me a ser generoso,
ensina-me a partilhar aquilo que eu tenho.
Ensina-me a não zombar de ninguém,
ensina-me a ajudar os outros.
Ensina-me a amar todos,
ensina-me a perdoar.
Jesus, te agradeço porque sempre estás junto a mim
como um amigo que nunca falha.
Ensina-me a ser como tu.

23 A palavra de Jesus

Segunda-feira
"Senhor, ensina-nos a orar." (Lc 11,1-4)

Terça-feira
"Eu sou o bom pastor." (Jo 10,11-15)

Quarta-feira
"Eu vos dou um novo mandamento." (Jo 13,34-35)

Quinta-feira
"Eu sou a videira e vós, os ramos." (Jo 15,4-5)

Sexta-feira
"Amai os vossos inimigos." (Mt 5,43-48)

Sábado
"Eu sou o pão da vida." (Jo 6,33-35)

Domingo
"Quem come a minha carne e bebe o meu sangue permanece em mim, e eu nele." (Jo 6,53-57)

Antes de rezar

Reze todo dia com o Evangelho

Todo dia você pode rezar partindo da palavra de Jesus. Aqui há modelos para duas semanas, mas você mesmo pode procurar outros fatos ou palavras de Jesus. Para isso, busque um texto do qual goste ou abra o Evangelho em uma página qualquer e escolha um trecho para rezar a partir dele.

Segunda-feira

"Felizes são os que ouvem a Palavra de Deus
e a põem em prática." (Lc 11,27-28)

Terça-feira

"Quem ouve estas minhas palavras e as põe em prática
é como um homem sensato, que construiu
sua casa sobre a rocha." (Mt 7,24-27)

Quarta-feira

"Se alguém me ama, guardará a minha palavra.
O Espírito Santo vos ensinará tudo." (Jo 14,23-26)

Quinta-feira

"Minha mãe e meus irmãos são os que ouvem a Palavra de Deus
e a põem em prática." (Lc 8,19-21)

Sexta-feira

"A semente que caiu em terra boa são aqueles que,
ouvindo com um coração bom e generoso, conservam a Palavra
e dão fruto pela perseverança." (Lc 8,4-15)

Sábado

"Eis aqui a serva do Senhor! Faça-se em mim segundo
a tua palavra." (Lc 1,26-38)

Domingo

"Eu vos chamo amigos." (Jo 15,9-15)

24 Jesus também orava

> *Diz Jesus: "Pedi e vos será dado! Procurai e encontrareis! Batei e a porta vos será aberta! Pois todo aquele que pede recebe, quem procura encontra, e a quem bate, a porta será aberta". (Mt 7,7-8)*

Jesus nos ensina a orar

Vós, portanto, orai assim:
Pai nosso que estás nos céus,
santificado seja o teu nome;
venha o teu Reino;
seja feita a tua vontade,
como no céu, assim também na terra.
O pão nosso de cada dia dá-nos hoje.
Perdoa as nossas dívidas,
assim como nós perdoamos aos que nos devem.
E não nos deixes cair em tentação,
mas livra-nos do Maligno. (Mt 6,9-13)

Jesus louva a Deus

Eu te louvo, Pai, Senhor do céu e da terra,
porque escondeste essas coisas aos sábios e entendidos
e as revelaste aos pequeninos.
Sim, Pai, assim foi do teu agrado. (Lc 10,21)

Jesus agradece a Deus

Pai, eu te dou graças porque me ouviste!
Eu sei que sempre me ouves... (Jo 11,41-42)

Jesus roga pelos seus discípulos

Eu rogo por aqueles que me deste.
Pai Santo, guarda-os em teu nome
para que eles sejam um,
como nós somos um. (Jo 17,11)

Jesus ora antes de morrer

Abbá! Pai! Tudo é possível para ti.
Afasta de mim este cálice!
Mas seja feito não o que eu quero,
porém o que tu queres. (Mc 14,36)

Jesus pede perdão pelos seus carrascos

Pai, perdoa-lhes!
Eles não sabem o que fazem! (Lc 23,34)

Jesus ora ao morrer

Meu Deus, meu Deus, por que me abandonaste?
Pai, em tuas mãos entrego o meu espírito. (Mc 15,34; Lc 23,46)

25 Pedidos feitos a Jesus

Diz Jesus: "Em verdade, em verdade, vos digo: se pedirdes ao Pai alguma coisa em meu nome, ele vos dará. Até agora, não pedistes nada em meu nome. Pedi e recebereis, para que a vossa alegria seja completa". (Jo 16,23-24)

O mendigo cego

Jesus, Filho de Davi,
tem compaixão de mim!
Mestre, que eu veja. (Mc 10,47.51)

Um leproso

Senhor, se queres, tens o poder de purificar-me. (Mt 8,2)

Um centurião romano

Senhor, eu não sou digno de que entres em minha casa.
Dize uma só palavra e o meu criado ficará curado. (Mt 8,8)

Uma mulher cananeia

Senhor, socorre-me! (Mt 15,25)

Jairo, o chefe da sinagoga

Minha filhinha está morrendo!
Vem, impõe as mãos sobre ela
para que fique curada e viva! (Mc 5,23)

A mulher samaritana

Senhor, dá-me dessa água,
para que eu não tenha mais sede. (Jo 4,15)

Pedro sobre as águas

Senhor, salva-me! (Mt 14,30)

Os discípulos de Jesus

Senhor, salva-nos,
estamos perecendo! (Mt 8,25)

O bom ladrão

Jesus, lembra-te de mim,
quando começares a reinar. (Lc 23,42)

Sumário

1. Maria na Anunciação 8
2. Jesus nasce em Belém 12
3. A família tem que fugir para o Egito 16
4. Jesus no Templo 18
5. Batismo de Jesus 20
6. Jesus escolhe os seus apóstolos 22
7. Jesus e Maria nas bodas de Caná 26
8. O sermão da montanha 28
9. O bom samaritano 32
10. O Bom Pastor 34
11. O pai do filho pródigo 36
12. A multiplicação dos pães 38
13. Jesus e as crianças 40
14. Jesus lava os pés dos seus amigos 42
15. Jesus se despede na Última Ceia 46
16. Jesus morreu por nós, e rezamos a ele através de sua mãe ... 50
17. Deus ressuscitou Jesus para dar-nos sua vida 54
18. Jesus sobe aos céus e nos confia sua missão 58
19. Hoje vivemos a Eucaristia assim... 62
20. Preparamo-nos para celebrar a Eucaristia 66
21. A Comunhão na missa 68
22. Domingo, dia do Senhor 72
23. A palavra de Jesus 74
24. Jesus também ora 76
25. Pedidos feitos a Jesus 78